AF360201

UTILITÉ,

POSSIBILITÉ,

FACILITÉ

De construire des TROTTOIRS dans les Rues de PARIS.

Par ARTHUR DILLON.

Instant ardentes Tyrii : pars ducere muros,
Molirique arcem et manibus subvolvere saxa.

ÆNEIDOS. L. I.

A PARIS,

Chez DESENNE, Libraire, Palais du Tribunat,
n°. 2.

UTILITÉ, POSSIBILITÉ, FACILITÉ

De construire des Trottoirs dans les Rues de PARIS.

DE tous les siècles dont nous connoissons l'histoire, le dix-neuvième doit être celui où les hommes seront le plus profondément pénétrés de cette triste vérité, qu'il n'est rien de plus aisé à faire que le mal, et rien de plus difficile à faire que le bien.

Lorsqu'un homme présente un projet, dont l'Utilité est sans bornes, dont la Possibilité est évidente, et dont les dépenses sont légères, il concevroit quelqu'espoir de succès, s'il n'avoit à convaincre que les personnes à la tête du Gouvernement. Un Administrateur raisonne de sang froid ; il voit dans l'avenir le fruit des efforts faits dans le moment présent ; il apprécie les sacrifices à leur juste valeur. Il n'en est pas de même du Public. Les passions l'entraînent, les préjugés le dominent ; et pour lui faire du bien, il faut toujours commencer par le séduire. Quelque utile que votre projet puisse être pour le public, s'il change quelque chose à ses habitudes, il murmure ; et quelqu'économiques que soient vos plans, s'il faut qu'il paye, il s'irrite. Le calcul est la dernière des facultés du peuple.

On voit tous les jours des hommes faire agréer les projets les plus frivoles et les plus dispendieux. Tout vient à leur appui ; on suit avec intérêt les progrès de leurs travaux ; les dépenses n'effraient personne, et tout le monde applaudit à l'inutile succès de l'entreprise. Mais que l'on propose une opération utile aux arts, à l'agriculture, aux besoins de la vie sociale, tout contrarie l'homme qui la recommande ; l'économie le repousse, l'esprit public se glace, et les préjugés l'assaillent de toutes parts. La découverte la plus utile, faute d'encouragement, ne s'étend pas quelquefois au-delà du pays qui l'a vu naître. Cette réflexion s'applique d'une manière particulière à l'objet sur lequel on désireroit, par la publication de ce Mémoire, fixer l'attention du Gouvernement et celle du public.

L'utile établissement des Trottoirs existe depuis long-tems à Londres, et Paris conserve toujours ses rues boueuses, incommodes et mal-saines.

Il est difficile d'expliquer pourquoi la police des villes en France se trouve si arriérée sur un objet d'une aussi grande utilité, ou pourquoi les foibles essais qui ont été faits dans cette partie de l'administration municipale, l'ont été de manière à en dégoûter tous les habitans.

La distance de Londres à Paris est trop peu considérable, la communication entre ces deux villes est trop constante, pour que l'existence des Trottoirs de Londres fût inconnue à Paris, et l'imitation des usages anglais a été trop répandue, pour que l'on puisse supposer que l'orgueil national se refuse à recevoir d'un rival, l'idée d'un établissement aussi utile.

En réfléchissant sur les motifs qui pouvoient engager l'Administration à priver la capitale de la France d'avantages aussi essentiels, j'ai cru :

1°. Que l'utilité des Trottoirs n'étoit pas assez connue ;

2°. Que l'on attachoit trop d'importance aux objections que les préjugés opposent à leur établissement ;

A 3

3°. Que l'on s'exagéroit les difficultés et les dépenses que cette opération entraîneroit.

Ces trois questions vont faire l'objet de ce Mémoire, qui n'a été dicté que par l'envie de se rendre utile au Public.

Une des grandes erreurs dans lesquelles on est en France, relativement aux Trottoirs, c'est de les regarder comme un objet de luxe. Ils tiennent au luxe des grandes villes, comme les grandes routes à celui des provinces. Les Trottoirs sont les chemins des habitans des villes, pour toutes les communications sociales et les besoins du commerce. Lorsque la richesse et la puissance des Empires ont formé deux réunions d'hommes et de maisons, pareilles à celles de Londres et de Paris, c'est manquer aux premières lois de l'administration municipale, que de ne pas procurer aux habitans toutes les facilités possibles pour communiquer entr'eux. Un Trottoir qui seroit un objet de luxe très-raisonnable dans une petite ville, où la plus longue marche n'est pas souvent au-dessus de cinq cents pas, devient un objet de première nécessité dans une immense cité, où les moindres affaires peuvent vous forcer à des marches de deux ou trois lieues.

Il seroit inutile de s'étendre longuement sur

les dangers auxquels sont exposées les personnes qui marchent dans les rues de Paris.
Placé au milieu de toutes sortes de voitures et
de chevaux, qu'aucunes limites ne circons-
crivent, l'homme à pied est dans un état con-
tinuel d'alarmes; et souvent, quelle que soit sa
vigilance, l'agilité lui manque, pour s'arracher
aux dangers qui le menacent, et qui se suc.
cèdent avec une effrayante rapidité.

La promenade des rues est interdite dans
Paris à l'homme dont l'ouïe, la vue, les jambes
ont perdu quelque chose de leur ressort. Les
vieillards, les enfans, les femmes ne peuvent
s'y montrer sans danger; et en supposant que
les accidens soient moins fréquens que l'ima-
gination se les représente au premier aspect du
tableau qu'offrent les rues de la capitale, cette
circonstance n'est due qu'à l'attention constante avec laquelle l'homme à pied observe ce
qui vient à lui et ce qui le suit. La moindre dis-
traction peut lui devenir funeste; le danger
l'environne, et pour peu que les nerfs soient
irritables, la marche dans les rues de Paris
entretient dans un état de fièvre continuelle.
Ainsi, sans faire valoir les accidens nombreux
qui arrivent, cette situation seule des habitans
demande un remède.

A 4

Quel contraste présentent les rues de Londres ! Les Trottoirs dans tous les tems , couverts de ceux que leurs affaires conduisent d'un
quartier de la ville dans un autre , deviennent
au premier rayon du soleil , le rendez-vous des
oisifs. Les vieillards , les convalescens viennent
y prendre un exercice salutaire ; les femmes les
plus délicates et les plus timides s'y promènent
sans inquiétude ; les enfans s'y livrent avec
confiance à leurs jeux innocens ; une nourrice
ne craint pas de donner son sein à l'enfant
qu'elle allaite , et d'en tenir un second par la
main, tant est grande la confiance qu'inspirent
les Trottoirs ! Ce qui fait l'objet de la terreur
des habitans de Paris , devient pour celui de
Londres une source de plaisir. Il admire ces
voitures élégantes et les superbes chevaux qui
passent et repassent sans cesse à ses côtés , sans
que jamais l'idée d'un danger pénètre dans son
esprit.

L'espêce de voitures dont on fait usage à Paris, plus que dans toute autre ville de l'Europe,
rend l'utilité des Trottoirs encore plus sensible.
Les cabriolets ne seront plus l'effroi des habitans , et leurs conducteurs novices , obligés de
respecter le territoire des fantassins , pourront achever leur éducation , sans exposer

autre chose que leur tête ou leur voiture.

Après la sureté que les Trottoirs procurent, le premier objet d'utilité qu'ils presentent, est leur influence sur la santé des habitans des villes.

L'exercice est le principal moyen d'entretenir la santé parmi les hommes, et les promenades dont on orne les grandes villes , démontrent combien la nécessité en est sentie partout. Mais combien peu ces établissemens répondent à nos besoins ! Ces promenades sont placées à une grande distance des habitations , et le chemin qui y conduit est si sale , ou si dangereux , que ceux qui en auroient le plus de besoin, les enfans, les infirmes et les vieillards, ne peuvent s'y rendre avec sureté ou agrément. Il est presque littéralement vrai de dire , que pour se promener à pied dans Paris , il faut avoir une voiture et des chevaux.

Les Jardins publics peuvent être de quelque utilité aux gens oisifs et favorisés de la fortune, mais ils n'offrent aucune ressource à la masse qui n'a pas de temps à perdre , et qui peut, tout au plus, se promener une fois par semaine. Le point essentiel à obtenir, est donc de rendre praticable pour les uns, l'exercice qu'ils peuvent faire, sans nuire à leurs fonctions , et salubre pour les autres, celui auquel leurs travaux ou leurs affaires les obligent.

D'où vient que l'on rencontre à Paris, plus qu'à Londres, des visages haves et décharnés, des hommes sans ressorts et sans souplesse; des femmes au tein plombé, vaporeuses et débiles? pourquoi ces obstructions qui font un supplice de la vie pour tous les gens de cabinet? C'est que le défaut de Trottoirs rend tout exercice à pied impraticable pendant un tiers de l'année; et pendant les deux autres, le manque d'habitude, la dureté du pavé et le danger de la marche, en ôtent le goût ou la possibilité.

A Londres, la commodité des Trottoirs fait que tous les jours les personnes employées dans les affaires, se rendent à pied à leurs bureaux, souvent placés à deux ou trois milles de leur habitation; parmi les Pairs du Royaume et les Membres de la Chambre des Communes, réunion qui offre les plus grandes richesses du pays, il n'y a guères que ceux à qui l'âge ou les infirmités interdisent l'exercice, qui ne se rendent pas à pied au Parlement. Usage bien plus utile à la santé que celui des gens d'affaire à Paris, qui sortent de leur lit pour monter en voiture, et ne posent jamais les pieds à terre hors de leur salon ou de leur bureau.

Le mal est encore pire , lorsque la nécessité les force à marcher. Ils arrivent les pieds humides, et restent assis pendant plusieurs heures, source féconde de maladies. Leurs souliers chargés de toutes les immondices, qu'ils ont ramassés dans les rues, produisent un méphitisme infect dont les fâcheux effets augmentent par la fermentation , qui devient le résultat nécessaire de la chaleur des appartemens.

Ce dernier inconvénient frappe sur-tout sur les artisans, qui ne peuvent vaquer à leurs affaires , sans contracter trois ou quatre fois par jour , l'humidité la plus mal-saine , et qui , trop souvent , n'ont aucun moyen de se sécher , lorsqu'ils rentrent le soir dans leurs logemens.

Quelle influence n'auroit pas sur la santé des habitans de Paris , l'établissement des Trottoirs, qui par la supériorité du climat sur celui de l'Angleterre , seroient encore bien plus souvent secs qu'ils ne le sont à Londres !

Un second moyen d'influence des Trottoirs sur la santé des hommes , c'est la propreté qu'ils produisent nécessairement. Quand un homme pense qu'il est condamné à se traîner tout le jour dans la fange , il est difficile que des idées de propreté entrent dans son esprit.

Celui qui ne jouit pas des douceurs de la fortune , reçoit la boue du jour sur la boue de la
veille , et ajoute l'humidité du soir à celle du
matin. Et pourquoi la propreté de son costume
occuperoit-elle son attention ? Au bout d'une
demi-heure de marche , il ne peut éviter d'être
aussi sale et aussi mouillé que celui qui a
marché tout le jour. De-là provient une négli-
gence absolue de sa personne ; la mal-propreté devient une habitude que la paresse favorise;
et l'esprit une fois familiarisé avec un genre
de mal-propreté , s'accoutume bientôt avec
tous les autres. Or le soin avec lequel on cherche
à entretenir la propreté dans les hôpitaux et sur
les malades , dans les vaisseaux et sur les ma-
telots , dans les écoles et sur les écoliers, prouve
à quel point on croit la propreté nécessaire à
la santé des hommes.

La raison de l'énorme différence , ou plutôt
du contraste qui existe entre l'homme qui
marche dans les rues de Londres , et celui qui
marche dans celles de Paris , est facile à dé-
couvrir. A l'aide des Trottoirs de Londres, le
marchand , le clerc de bureau, le domestique,
tout homme enfin qui n'a pas une voiture à
ses ordres , est sûr qu'en sortant avec des bas
blancs et des souliers cirés , il peut vaquer à

toutes ses affaires , et rentrer chez lui , propre et sans avoir contracté la moindre humidité. Si dans Paris, une espèce de mal-propreté inévitable , engendre nécessairement toutes les autres , à Londres , la propreté, rendue facile, devient bientôt un besoin.

La propreté que les Trottoirs encouragent, a son influence morale, qui se fait particulièrement sentir dans la conduite des habitans. L'homme est , pour ainsi dire, dégradé par la mal-propreté ; la fange qui couvre ses vêtemens l'humilie ; elle pénètre jusqu'à son cœur ; et si cette espèce d'humiliation ne le rend pas servile et bas , à coup sûr il devient insolent par cinisme. Cet état d'humiliation dans lequel la mal-propreté maintient l'homme , lui persuade aisément qu'il est méprisé par ceux , dont la propreté décèle une aisance qui l'offusque ; il est dès-lors , disposé à devenir leur ennemi, et par-tout on a observé que les haillons sont les premiers élémens de la sédition.

La propreté au contraire , élève l'homme , en lui inspirant de la confiance ; elle le dispose à la décence ; elle l'engage à respecter les autres pour qu'on le respecte lui-même ; enfin , on peut dire qu'elle donne une force nouvelle à tous les liens de la société , en adoucissant les manières. Tous les voyageurs ont remarqué que la propreté et la civilisation marchoient toujours du même pas chez les Sauvages.

Si l'on passe de la propreté des personnes à celle des maisons, on verra aisément que la mal-propreté des escaliers dans les maisons de Paris, est incurable, sans l'établissement des Trottoirs.

Dans ses courses journalières, chaque individu rapporte à son domicile, trois ou quatre fois par jour, et dépose chez ses amis, un tribut d'immondices dont il a chargé ses souliers dans les rues. Les grands hôtels souffrent moins de cet inconvénient, parce que l'on y donne quelques soins ; mais a quel degré encore laisse-t-on accumuler la boue, puisque souvent dans les meilleures maisons, on voit racler les marches des escaliers avec un couteau, pour enlever ces sales incrustations ! Il y a bien des maisons opulentes dans Paris, qui gagneroient beaucoup à avoir leur escalier entretenu aussi propre que le sont les Trottoirs dans les rues de Londres.

Si nous jetons nos regards sur les maisons où la multiplicité des locataires et le grand mouvement ne permettent pas les mêmes soins, ou les rendroient inutiles, nous trouverons des incrustations fangeuses qui s'élèvent souvent à la hauteur de deux pouces, et l'escalier devient alors un cloaque, dont la putréfaction et l'humidité, infecte l'odorat et engendre mille maux.

Mahomet, ce guerrier législateur de l'Orient, crut devoir prescrire des ablutions fréquentes, comme un devoir religieux: et combien sont coupables envers les Nations les Gouvernemens qui négligent d'encourager de tout leur pouvoir des établissemens qui ont une si grande influence sur les mœurs et la santé des hommes !

Les avantages que le Commerce dans les grandes villes tire de l'établissement des Trottoirs, doivent être considérés comme un des grands objets de leur utilité.

Le premier soin d'un marchand intelligent, quand il s'établit, est de placer sa boutique de manière qu'elle soit, le plus possible, exposée aux regards des passans ; le quartier ou la rue la plus fréquentée est toujours celle qu'il choisira de préférence. Pourquoi les boutiques du Palais du Tribunat sont-elles si recherchées ? C'est que la promenade et les trottoirs couverts y attirent les acheteurs. Or, le résultat de l'établissement des Trottoirs sera de faire de toutes les rues de la ville, des promenades

agréables, d'augmenter le nombre des prome-
neurs, et de placer ainsi, plus souvent, sous les
yeux du public, les objets qui peuvent exciter
ses désirs. Ce n'est pas que je veuille dire par-
là, que les Trottoirs augmenteront les besoins
des habitans. Les marchands spéculent autant
sur les fantaisies des acheteurs que sur leurs
besoins réels; et certainement, rien n'est plus
propre à faire naître le désir d'acheter que la
vue des objets qui sont à vendre.

Le marchand, lorsque les Trottoirs auront
éloignés de sa boutique, la boue des rues, se
sentira plus disposé à l'orner, et ces soins sont
bien loin d'être perdus pour le commerce; ils
augmentent la séduction, l'acheteur étant toujours attiré par l'ordre et l'élégance.

Dans l'état actuel des rues, les vitres des
boutiques sont souvent tellement couvertes de
boue, que l'on a de la peine à distinguer quels
sont les objets qui s'y trouvent à vendre; et
la mal-propreté de l'entrée repousseroit l'a-
cheteur, si dans sa marche, il ne s'étoit pas
mis lui-même, en fait de mal-propreté, au niveau des objets qui l'environnent.

Un autre moyen par lequel les Trottoirs in-
fluent sur le commerce; c'est qu'en abrégeant
toutes les distances, ils donnent aux marchands

chands la facilité d'envoyer, dans tous les quar-
tiers, les articles qu'on leur demande. Il n'en
coûte rien à un marchand de Londres, pour
porter aux plus grandes distances de la ville un
paquet qu'on lui aura payé un shilling, parce
que cette course sur les Trottoirs se fait sans
aucun inconvénient. Cependant, combien de
fois à Paris, se refuse-t-on à l'achat d'une ba-
gatelle, par l'embarras de l'envoyer chercher
au loin à travers les boues, ou par la délicatesse
qui repousse l'idée de faire sortir un marchand
pour un objet de si petite valeur. L'établissement des Trottoirs aura donc, pour les marchands, le double avantage d'augmenter leur
débit, et de leur faire faire un exercice salutaire
et agréable.

L'économie qui résulteroit des Trottoirs,
pour les habitans de Paris, est incalculable.
Une paire de bottes ou de souliers dure, à
Londres, autant que trois à la campagne ou
dans les villes du continent; et cependant il
n'existe pas de ville en Europe où l'on marche
autant qu'à Londres.

Le blanchissage des bas seroit infiniment
moins considérable pour l'habitant d'une fortune médiocre; et cet article est d'autant plus
essentiel à Paris, que l'on y fait plus usage des

bas de soie , dont le blanchissage est plus cher.

La dépense des fiacres seroit moins fréquente pour ceux qui ne s'en servent que lorsque la nécessité le commande , les Trottoirs offrant presque toujours une communication propre et facile.

L'homme aisé qui se sert de chevaux , le matin pour vaquer à ses affaires , n'en auroit plus besoin que le soir , et encore seroit-ce pour la plupart un pur objet de luxe , tandis que dans l'état actuel des rues de Paris , une voiture est un objet de première nécessité pour tout homme qui peut avoir besoin de se montrer dans la soirée. Combien de personnes de la plus grande importance , existe-t-il à Londres , qui ont six ou huit chevaux dans leur écurie , dont ils font usage le matin pour leur plaisir dans les environs de la ville , et à qui il n'entre jamais dans l'esprit de les faire sortir le soir !

Si l'on veut se donner la peine de calculer tous ces genres d'économie , on se fera une haute idée de l'influence que l'établissement des Trottoirs peut avoir à Paris sur ces deux grandes divisions des habitans , les pauvres et les riches.

Il seroit difficile de disputer l'utilité des Trottoirs dans les rues de la capitale ; mais leur nécessité absolue est incontestable , lorsque l'on porte ses regards sur les boulevarts.

Tout homme qui a réfléchi sur l'administration municipale a peine à concevoir que les
boulevarts de Paris qui, surtout les vieux boulevarts, sont une des principales communications de la ville ; que ces boulevarts, dis-je,
restent depuis si long-tems dans l'état où ils
sont, c'est-à-dire impraticables pendant trois
mois de l'année. Du moment qu'il pleut ,
l'homme qui marche dans Paris trouve sur les
boulevarts une boue plus incommode que celle
du plus mauvais chemin de traverse en pro-
vince. Si on n'a pas encore pensé à faire des
Trottoirs sur les contre-allées des boulevarts ,
ou même à les sabler, il ne faut guères s'éton-
ner qu'on n'ait pas songé à en construire dans
les rues.

La police de Paris est particulièrement in-
téressée à la construction des Trottoirs. Dans
un pays qui vient d'être aussi cruellement agité
par des convulsions politiques, où tant d'art a
été employé pour corrompre la morale publique, la police ne peut être trop vigilante et
ses agens ne sauroient être trop encouragés au
maintien de la sureté. On ne peut jamais avoir
plus de droit d'espérer qu'une chose sera bien
faite, que lorsque l'on a pris toutes les mesures
pour la rendre facile. Il est certain que si la

marche dans les rues devient commode et salubre pour ceux qui les parcourront la nuit et
veilleront à la sureté des habitans ; il est certain , dis-je , que leurs fonctions seront bien
mieux remplies , lorsqu'ils marchéront à pied
sec et sans trouble , et que leur attention ne
sera point partagée entre la surveillance qu'on
leur commande et les difficultés qu'ils éprou-
vent.

La construction des Trottoirs dans la capitale, et dans les grandes villes qui imiteront son
exemple, aura une influence directe sur la sureté publique dans toute l'étendue du territoire
français. A la suite d'une longue guerre, après
les réformes que la paix rend nécessaires , il est
du devoir d'une administration prudente d'offrir
partout les ressources d'un travail utile. Or, les
nombreux ateliers qu'exigeront l'extraction
des granites, la taille des pierres, les charrois
de toute espèce , diminueront d'autant les pré-
textes dont ne manquent jamais de se prévaloir
le vagabondage et l'oisiveté.

On ne présente ici les Trottoirs que sous le
rapport de leur utilité publique ; on ne dit rien
de leur agrément et de l'ornement qu'ils ajou-
téroient à la ville de Paris. Ce seroit cependant
un langage assez naturel à tenir à une admi-

nistration qui a employé des sommes aussi considérables à des objets de pure décoration ou d'agrément, comme les places publiques, les promenades et les théâtres.

Après avoir tant sacrifié au beau, il conviendroit de s'occuper un peu de ce qui est bon et utile. Si l'ouvrage simple et modeste que l'on propose n'ajoute rien à la gloire des arts, celui qui l'ordonnera aura du moins celle d'avoir pour jamais contribué au bonheur de ses concitoyens.

Lors même que les Trottoirs ne seroient considérés que comme un objet d'agrément, ce seroit encore une foible consolation à offrir à cette masse énorme de propriétaires et de rentiers qui, à la suite des derniers troubles politiques, sont tout à coup passés des douceurs de la fortune à toutes les privations de l'indigence; et, si l'on fait attention au petit nombre de voitures qui ont résisté au torrent destructeur de la révolution, on n'aura pas de peine à conclure que les Trottoirs seront utiles, agréables, mais même sont devenus nécessaires à la totalité des habitans de Paris.

Tout ce que l'on pourroit dire en faveur des Trottoirs deviendroit inutile, si des obstacles réellement invincibles s'opposoient à leur construction. Ce sont ces difficultés qu'il faut actuellement examiner.

La plus forte objection sans doute, est celle qui refuse aux rues de Paris la largeur nécessaire pour admettre des Trottoirs, sans interdire l'usage des voitures. Mais, en supposant qu'il y ait à Paris des rues si étroites que l'on ne puisse y offrir aucun soulagement à ceux qui les parcourent à pied, il faut convenir aussi qu'il y en a beaucoup qui n'ont point cet inconvénient ; et l'on peut répondre à cette première objection par un excellent principe en administration ; c'est que là où l'administrateur ne peut pas faire tout le bien à désirer, il faut au moins qu'il fasse tout celui qui est possible.

La première opération à faire, sera donc d'examiner les rues où la construction d'un double Trottoir sera praticable ; et, si l'on veut être dirigé dans cet examen par des modèles, il ne faut pas perdre de vue les rues les plus passantes de Londres, comme *Bond-Street*, où la largeur n'est quelquefois pas au-dessus de vingt-neuf pieds, sur lesquels on a pris de chaque côté des Trottoirs de cinq pieds ; le *Strand*, dont la largeur en quelques endroits, n'est pas de vingt-sept pieds ; *Swallow-Street*, où la

largeur n'excède pas quelquesfois vingt-cinq
pieds , et où les Trottoirs ont quatre pieds et
demi.

Si l'on veut faire attention qu'il y a un double
Trottoir dans ces rues , où il passe six fois autant de voitures que dans les rues les plus fré-
quentées de Paris , et que ces voitures ont
l'inconvénient de ne pas tourner sous elles-
mêmes comme les voitures françaises , il en
faudra conclure qu'il y a plus des deux tiers
des rues de Paris ou les Trottoirs peuvent être
construits. En bornant l'opération à ce seul
avantage , ce seroit déjà un grand bien de fait.

Mais , en appliquant toujours le même principe d'administration , on peut dire que dans
les rues où il est impossible de faire deux Trottoirs , il faut se contenter d'en construire un
d'un côté , laissant l'autre pour la voie des voitures ; c'est toujours la moitié du mal de réparé.

Enfin , dans les rues tellement étroites qu'un
Trottoir seroit impraticable , si l'on veut con-
server le passage aux voitures ; dans ces rues ,
dis-je, il faudroit avoir recours à l'expédient pra-
tiqué à Vienne, où les deux côtés des rues sont
couverts de petits pavés, plats et serrés. Si cette
espèce de Trottoirs ne met pas à l'abri de la
boue et de l'humidité , il rend au moins la

marche moins pénible par l'égalité du sol ; et
les rues de Paris, qui ne pourront recevoir que
cette foible amélioration, sont trop peu fré-
quentées par les voitures, pour que le danger
ou la boue y soient bien considérables.

Il s'en suit que par ces trois opérations, va-
riées selon les localités, la largeur des rues,
n'est point un obstacle à l'établissement des
Trottoirs, puisque dans toutes, l'Administration peut offrir à l'habitant de Paris un soulagement dans ses marches.

Il ne faut pas oublier ici une observation
très-importante ; c'est que dans toutes les rues
de Paris, il existe de chaque côté des bornes
dont le diamètre à la base varie de dix-huit
pouces à deux pieds, ce qui fait un espace de
plus de trois pieds enlevé à la voie des voitures,
sur la largeur de la rue : en sorte que dans les
rues étroites, où l'on seroit obligé de ménager
le terrein, ce ne seroit dans le fait que deux ou
trois pieds de plus à ajouter à l'espace que le
roulage a déjà perdu.

La multiplicité des portes cochères a toujours fait croire qu'il étoit impossible de construire des Trottoirs à Paris.

Sans doute, les personnes qui ne connoissent
d'autres Trottoirs que ceux qui existent sur les

ponts de la capitale, ou ceux faits dernière-
ment, dans les rues, vis-à-vis la Comédie Ita-
lienne, doivent penser que de pareils Trottoirs
rendroient la marche impraticable dans les rues
où la multiplicité des portes cochères feroient
de ces Trottoirs, des escaliers qu'il faudroit
monter et descendre sans cesse. Mais, toute
cette difficulté disparoîtra en donnant aux
choses le nom qui leur convient. Ce que l'on
appelle communément à Paris, des Trottoirs,
s'appelleroit partout ailleurs des terrasses ; et
certainement, personne ne peut songer à élever
des terrasses dans les rues, pour la commodité
de la marche des habitans.

Pour qu'un Trottoir ne participe pas à l'humidité et à la mal-propreté de la rue, il suffit
qu'il soit élevé d'un pouce au-dessus du pavé,
et de deux ou trois du côté des maisons, pour
lui donner une déclinaison vers le ruisseau, qui
facilite l'écoulement des eaux.

Si après cela, pour rendre l'entrée des voitures plus aisée, on veut baisser les Trottoirs
devant les portes cochères, d'un pouce, cet en-
foncement ne peut offrir rien de désagréable
dans la marche. Mais cette opération est encore
absolument inutile ; car en taillant la pierre
des deux côtés, à pan coupé, il s'en suit que

du côté de la rue, la voiture ne trouve aucun obstacle à vaincre, et du côté de la maison, un si foible, que les chevaux ne vaudroient pas le foin qu'ils mangent, si cela les arrêtoit un seul instant.

Mais ici se présente une nouvelle objection des Parisiens. Ceux qui ne connoissent que le pavé de Paris, ne voient sur ces Trottoirs devant les portes cochéres, que des chevaux glissans, abbattus et blessés. Il faut cependant que ces maîtres timides sachent que toutes les rues de Naples et de Florence, où il ne manque pas de chevaux et de pesans carrosses, sont entièrement pavées comme le seroit seulement le passage des porte cochères, sans qu'on y voye plus de jambes cassées qu'ailleurs; et certes les ponts de Florence, par leur rapide ascension, offrent aux chevaux d'autres difficultés que n'en présenteroit à Paris un Trottoir plat de quatre pieds de large à traverser. La seule attention à avoir, ce seroit de piquer ces pierres au ciseau, comme on le fait à Florence.

Si cette précaution ne rassuroit pas les personnes alarmées sur le sort de leurs chevaux, on auroit recours au dernier expédient, qui seroit de paver le devant des portes cochéres, de la manière dont sont pavés les côtés des rues à

Vienne. Cela procureroit commodité et propreté aux gens de pied , sans l'apparence d'un
inconvénient pour les chevaux.

L'écoulement des eaux des cours , qui se fait
par-dessous les portes cochères , n'éprouveroit
aucun obstacle , parce que le Trottoir devant
les portes seroit fait en plans inclinés de droite
et de gauche, de manière que le milieu du passage offriroit une rigole au niveau de l'ancienne.
Toutes ces difficultés ne se présentent qu'à
l'esprit de ceux qui veulent toujours voir des
Trottoirs d'un pied ou dix-huit pouces d'élévation. Ces objections ne se feront plus, du moment que l'esprit se sera fait à l'idée d'un Trottoir, dont la plus grande élévation ne passera
jamais deux pouces.

Ici j'observe qu'il existe une opération préliminaire , dont le gouvernement ne peut pas se
dispenser, s'il veut agir prudemment ; et disposer les esprits en faveur de son plan. Le public ressemble beaucoup aux enfans, à qui il
faut faire goûter avec précaution les mets nouveaux auxquels on veut les accoutumer. Le
plus sûr moyen de faire disparoître les objections que l'on oppose en France à l'établissement des Trottoirs, est d'en offrir un modèle
aux habitans , afin d'en faire au moins des
juges éclairés.

Il seroit donc nécessaire que le Gouvernement fît à ses frais construire des Trottoirs dans quelque rue large et passante, comme, par exemple, la rue Saint-Honoré, depuis le boulevart jusqu'à la place Vendôme. Le public pourroit alors juger lui-même si les avantages qu'on lui offre sont réels, et si les dépenses qu'on lui propose sont utiles.

La longueur des moyeux des roues de charrettes dont on fait usage à Paris et dans les environs, doit encore fixer l'attention du Gouvernement. Une ordonnance qui en prescriroit la longueur, deviendroit nécessaire au moment où la construction des Trottoirs diminueroit la largeur de la voie dans les rues. Cette ordonnance seroit sous d'autres rapports très-désirable, puisqu'elle épargneroit une grande quantité de bois et de fer, inutilement consommé.

L'établissement des Trottoirs amèneroit un changement dans la manière de paver les rues, qui s'opéreroit graduellement, quand on répareroit le pavé. La voie étant devenue plus étroite, si le ruisseau restoit dans le milieu de la rue, les cochers seroient toujours obligés d'avoir une roue dans le ruisseau, ce qui rend l'allure très-désagréable et destructive des voi

tures. En élevant le milieu de la rue et en for-
mant la rigole pour l'écoulement des eaux des
deux côtés, on feroit disparoître ces rigoles
transversales, qui rendent le roulage dans Paris, très-désagréable.

Il devroit être inutile d'ajouter ici qu'il faudroit défendre par des lois de police très-sé-
vères, de jeter aucun immondice dans les rues ,
et que les eaux pluviales ne doivent pas dégoûter des toîts sur les passans. Cependant la
nécessité de faire cette observation , prouve à
quel point on est peu avancé à Paris, sur les
objets les plus essentiels de la police municipale.

Il est impossible de se défendre d'un senti-
ment de pitié, quand on observe la situation
malheureuse et ridicule dans laquelle se trouve
un habitant de Paris, surpris dans sa marche
par un orage. Le mauvais tems a mis en mouvement tous les véhicules de la ville, carrosses,
fiacres, cabriolets, etc., occupent le milieu
des rues et les croisent dans tous les sens; la
pluie tombe à flots des goutières. Le malheu-
reux Parisien tourmenté par la crainte et
la souffrance, est chassé par les gouttières vers
les voitures qui vont lui casser les jambes, et
repoussé par les carrosses vers les gouttières qui

l'inondent. Quand on songe que cet exercice cruel peut durer pendant une marche de deux ou trois milles, il est impossible de ne pas faire des vœux pour qu'une administration bienfaisante termine de pareils maux, par une ordonnance qui tient aux premiers élémens du régime municipal.

Il ne m'appartient pas de traiter la partie financière de ce projet; mais ce que je puis dire, avec tous ceux qui connoissent l'usage des Trottoirs et en sentent la nécessité, c'est que tout ce dont je contribuerai pour cet établissement, me paroîtra un argent placé au plus haut intérêt possible.

La dépense qu'un pareil changement doit entraîner, peut effrayer au premier aspect; mais dans un grand État, et surtout dans une capitale opulente, la dépense ne doit jamais suspendre l'exécution d'ouvrages de première utilité pnblique. L'armée, la flotte, les grandes routes, sont des objets d'une grande dépense, et le public trouve tout simple de supporter ces charges. La construction des Trottoirs doit être considérée sous le même point de vue, avec cette différence, que l'avantage qui résulte de leur établissement, est plus journellement et plus intimement senti.

D'ailleurs il y a des circonstances qui diminuent infiniment l'impression que produit le tableau de ces dépenses.

Premièrement, tous les pavés déplacés par les Trottoirs, seront employés par l'administration, et doivent entrer en diminution de dépense sur les approvisionnemens futurs.

Secondement, toutes les bornes qui seront déplacées, pourront être sciées sur les lieux, et couvrir une partie du Trottoir.

Troisièmement, tous les Trottoirs ne seront pas construits dans la même année, et une dépense ainsi divisée, s'allége infiniment.

Il faudroit suivre dans la construction des Trottoirs, le plan que l'on suit dans la construction des grandes routes. On travailleroit d'abord dans toutes les grandes communications de la ville, et on passeroit ensuite aux autres, selon leur degré d'importance.

Il faudroit avoir l'attention de diriger les travaux, de manière que ces premiers Trottoirs se réunissent les uns aux autres aux plus grandes distances, en sorte que dès les premières années, Paris se trouvât divisé en sept

on huit grands carrés, dont les cadres offri-
roient aux habitans, des Trottoirs dans leurs
plus longues marches.

Il arriveroit alors dans Paris, ce qui arrive
dans les provinces, où des communautés, des
particuliers riches, pour se procurer une communication avec les grandes routes, offrent au
Gouvernement des secours, et souvent même
font à leurs frais des chemins de communication. De même à Paris, des manufactures considérables, des rues marchandes, des particuliers opulens et animés de l'amour du bien
public, des auberges achalandées, des entre-
preneurs de théâtre; enfin tout spéculateur qui
a intérêt d'attirer à lui la foule, s'empresse-
roient de souscrire à la construction de Trottoirs qui conduiroient de chez eux aux grandes
lignes faites aux frais du Gouvernement, et
toutes ces opérations deviendroient une dé-
charge pour le trésor public.

Le Gouvernement, en portant ses ateliers
dans les communications du second ordre,
trouveroit l'ouvrage moins considérable, par
une précaution bien simple, qu'il auroit prise
d'avance. Ce seroit d'ordonner que tout homme
qui construiroit une maison neuve, fût obligé,
d'après les plans donnés par les artistes, offi-
ciellement

ciellement préposés à cet effet, de faire un
Trottoir devant ea maison. Cette dépense seroit
peu à charge au propriétaire ; mais sa multiplicité deviendroit un soulagement pour l'Etat-
· La sureté, la salubrité, l'économie et la
commodité qui résulteroient de l'établissement
des Trottoirs, frapperoient tous les esprits,
et rendroient la taxe aussi populaire que l'opération qui lui auroit donné naissance. Les
Trottoirs seroient d'autant plus avantageux,
que la dépense que leur construction entraîneroit, seroit passagère, et les avantages perpé-
tuels. Une fois établis, leur entretien entreroit
dans la dépense ordinaire du pavé de Paris, et
les économies de toute espèce passeroient à
nos derniers neveux.

Si l'on demandoit à l'habitant de Paris, de
payer pour la construction des Trottoirs, la
même somme qu'il économiseroit en chevaux
et en souliers, ce seroit en effet ne lui rien de-
mander d'onéreux pour lui. Mais comme cette
demande passeroit de beaucoup la dépense
qu'exigeroit cette construction, on pourroit,
en confondant ces deux espèces d'économie,
calculer que deux paires de souliers seroient
l'épargne que l'établissement des Trottoirs pro-
duiroit dans la dépense d'un habitant de Paris.

Ce calcul est bien modeste ; car il est de ri-
gueur pour tous ceux qui marchent habituelle-
ment dans les rues , et l'on ne fait point entrer
en ligne de compte, l'économie en chevaux et
en voiture, qui deviendroit praticable pour tous
ceux qui la croiroit nécessaire.

Comme il seroit impossible, sans obstruer
les rues d'une manière incommode, d'établir
un grand nombre d'ateliers, il s'en suit que
l'ouvrage avanceroit graduellement, et que la
dépense nécessairement divisée en plusieurs
années, deviendroit presqu'imperceptible, tandis que tous les ans le public verroit augmenter
son bien-être et ses jouissances.

Ce seroit faire un bien faux calcul, que de
prendre pour des ouvrages à faire dans Paris,
le prix des ouvrages faits à Londres, puisqu'au
moment où ces prix ont été fixés, la livre de
pain se payoit huit sols à Londres, lorsqu'elle
ne se payoit que deux sols à Paris. Cependant
pour raisonner d'après des faits certains, on
peut adopter les prix de Londres ; les défalca-
tions seront aisées à faire, quand cela devien-
dra nécessaire.

Chaque pied d'un Trottoir de quatre pieds
de large, coûte à Londres un peu plus que
quatre shillings ; on peut l'estimer à quatre

francs en France , pour éviter toute fraction.

Or , en réduisant le nombre des contri-
buables dans Paris , à quatre cent mille , et
en leur demandant à chacun vingt sols pour
une dépense temporaire, qui leur procurera à
perpétuité une économie de dix livres , et une
des plus grandes jouissances de la civilisation ,
on pourra construire tous les ans , dans Paris,
de quinze à vingt mille toises de Trottoirs.

C'est au Gouvernement à mettre à profit le
moment d'enthousiasme qui dirige tous les esprits vers les améliorations et le désir du bien-
être ; mais je le répète , l'établissement des
Trottoirs est une opération qui doit se recom-
mander elle-même par son immense utilité ;
elle doit donc être connue d'avance par le public , et c'est au Gouvernement à en offrir un
modèle. Tout ce qui a été fait dans ce genre-là
dans Paris, soit ancien, soit moderne, offre plus
de difficultés que d'agrémens.

De l'Imprimerie de PORTHMANN , successeur
de DESENNE , rue Neuve-des-Petits-Champs,
no. 23, maison LEDA.